ANDREA JOURDAN

Complètement

CRÈME
GLACÉE

LES ÉDITIONS DE
L'HOMME
Une société de Québecor Média

Éditrice : Émilie Mongrain
Design graphique : Josée Amyotte
Infographie : Chantal Landry
Révision : Lucie Desaulniers
Correction : Sylvie Massariol
Photographie : Philip Jourdan

DISTRIBUTEUR EXCLUSIF :
Pour le Canada et les États-Unis :
MESSAGERIES ADP inc.*
2315, rue de la Province
Longueuil, Québec J4G 1G4
Téléphone : 450-640-1237
Télécopieur : 450-674-6237
Internet : www.messageries-adp.com
* filiale du Groupe Sogides inc.,
  filiale de Québecor Média inc.

**Catalogage avant publication de Bibliothèque
et Archives nationales du Québec et
Bibliothèque et Archives Canada**

Jourdan, Andrea
    Crème glacée
    (Complètement)

    ISBN 978-2-7619-3854-9

    1. Crèmes glacées. 2. Livres de
cuisine. I. Titre. II. Collection :
Complètement.

TX795.J68 2015   641.86'2   C2014-942288-1

Pour en savoir plus sur l'auteur,
andreajourdan.com

Imprimé en Chine

03-15

Dépôt légal : 2015
Bibliothèque et Archives nationales du Québec

ISBN 978-2-7619-3854-9

Gouvernement du Québec – Programme de crédit
d'impôt pour l'édition de livres – Gestion SODEC –
www.sodec.gouv.qc.ca

L'Éditeur bénéficie du soutien de la Société de
développement des entreprises culturelles du Québec
pour son programme d'édition.

Conseil des Arts   Canada Council
du Canada   for the Arts

Nous remercions le Conseil des Arts du Canada de
l'aide accordée à notre programme de publication.

Nous reconnaissons l'aide financière du gouvernement
du Canada par l'entremise du Fonds du livre du Canada
pour nos activités d'édition.

Table des matières

Crème glacée à la fraise

QUANTITÉ : 1,5 litre (6 tasses)   **PRÉPARATION :** 25 min   **CUISSON :** 15 min   **RÉFRIGÉRATION :** 2 h

500 ml (2 tasses) de lait

1 c. à café d'extrait de vanille

7 jaunes d'œufs

300 g (1 ½ tasse) de sucre

1 c. à café d'essence de fraise

500 g (4 tasses) de fraises, en tranches (voir notes)

375 ml (1 ½ tasse) de crème à fouetter 35 %

Dans une casserole, verser le lait et l'extrait de vanille. Faire chauffer à feu doux 5 minutes. Retirer du feu.

Dans un grand bol, fouetter les jaunes d'œufs et le sucre jusqu'à ce que le mélange soit pâle et épais. Ajouter le mélange vanillé en fouettant. Verser dans la casserole et cuire à feu doux, en remuant, jusqu'à ce que le mélange épaississe et nappe la cuillère. (Attention de ne pas laisser bouillir.) Incorporer l'essence de fraise. Verser la préparation à travers un fin tamis posé sur un grand bol.

Mettre les tranches de fraises dans un bol et les écraser à l'aide d'une fourchette. Ajouter la crème et la purée de fraise à la préparation tiède. Déposer le bol dans un bac rempli de glaçons et d'eau froide. Fouetter pour refroidir rapidement.

Verser la préparation dans une sorbetière et turbiner selon les instructions du fabricant (voir note). Servir ou congeler (jusqu'à 5 jours).

NOTES : On peut remplacer les fraises par la même quantité de framboises ou d'un mélange de petits fruits. Dans ce cas, remplacer l'essence de fraise par de l'essence de framboise.

Si on ne possède pas de sorbetière, verser la préparation dans un grand plat peu profond et congeler 1 heure. Fouetter à la fourchette et congeler de nouveau pendant 1 heure. Verser la crème glacée au robot culinaire et mélanger 2 minutes. Verser la préparation dans un contenant de plastique ou de verre, couvrir et mettre au congélateur jusqu'au moment de servir.

Crème glacée à la mangue

QUANTITÉ: 1,5 litre (6 tasses)   **PRÉPARATION:** 20 min   **CUISSON:** 20 min   **RÉFRIGÉRATION:** 3 h

4 mangues mûres, pelées et coupées en cubes + 1 mangue, pelée et coupée en petits dés

2 c. à soupe de jus d'orange

250 g (1 ¼ tasse) de sucre

375 ml (1 ½ tasse) de lait

500 ml (2 tasses) de crème à fouetter 35 %

4 jaunes d'œufs

1 pincée de sel

Au robot culinaire, mélanger les 4 mangues en cubes, le jus d'orange et 3 c. à soupe de sucre jusqu'à l'obtention d'une purée lisse. Réfrigérer.

Dans une casserole, porter à ébullition le lait et la crème. Retirer du feu.

Dans un bol, fouetter les jaunes d'œufs avec une pincée de sel et le reste du sucre jusqu'à ce que le mélange soit épais et ait blanchi. Ajouter lentement le mélange lait-crème en fouettant. Verser le mélange dans la casserole et cuire à feu doux, en remuant, jusqu'à ce que la préparation nappe le dos d'une cuillère. Ne pas laisser bouillir.

Placer la casserole dans un grand bol rempli de glaçons et d'eau froide et fouetter la préparation pour la refroidir rapidement. Incorporer la purée de mangue au fouet. Réfrigérer 3 heures ou jusqu'à 24 heures. Ajouter la mangue en petits dés.

Verser la préparation dans une sorbetière et turbiner selon les instructions du fabricant.

Servir immédiatement ou garder au congélateur jusqu'à 3 jours.

NOTE: Si on ne possède pas de sorbetière, verser la préparation dans un grand plat peu profond et congeler 1 heure. Fouetter à la fourchette et congeler de nouveau pendant 1 heure. Verser la crème glacée au robot culinaire et mélanger 2 minutes. Verser la préparation dans un contenant de plastique ou de verre, couvrir et mettre au congélateur 3 heures ou jusqu'au moment de servir.

Crème glacée
à la noix de coco grillée

QUANTITÉ: 2,5 litres (10 tasses)   **PRÉPARATION:** 20 min   **CUISSON:** 20 min   **RÉFRIGÉRATION:** 4 h

185 g (2 tasses) de noix de coco râpée non sucrée

500 ml (2 tasses) de lait de coco non sucré

250 ml (1 tasse) de lait

500 ml (2 tasses) de crème à fouetter 35 %

1 gousse de vanille, fendue et grattée

6 jaunes d'œufs

250 g (1 ¼ tasse) de sucre

1 pincée de sel

1 c. à café de rhum (facultatif)

NOTE: Si on ne possède pas de sorbetière, verser la préparation dans un grand plat peu profond et congeler 1 heure. Fouetter à la fourchette et congeler de nouveau pendant 1 heure. Verser la crème glacée au robot culinaire et mélanger 2 minutes. Verser la préparation dans un contenant de plastique ou de verre, couvrir et mettre au congélateur 3 heures ou jusqu'au moment de servir.

Préchauffer le four à 200 °C (400 °F).

Étaler la noix de coco râpée sur une plaque de cuisson recouverte de papier sulfurisé. Cuire au four 7 minutes ou jusqu'à ce que la noix de coco soit dorée. Retirer du four et laisser refroidir.

Dans une casserole, à feu moyen, porter à ébullition le lait de coco, le lait, la crème et la vanille, en fouettant.

Dans un bol, au batteur électrique, fouetter les jaunes d'œufs, le sucre et le sel jusqu'à ce que le mélange soit épais et ait blanchi.

Verser ⅓ de la préparation au lait de coco dans les jaunes d'œufs en fouettant. Verser le contenu du bol dans la casserole. Ajouter la noix de coco grillée. Chauffer la préparation, en remuant à la cuillère de bois, jusqu'à ce qu'elle nappe le dos de la cuillère. Ne pas laisser bouillir. Retirer du feu. Enlever la gousse de vanille.

Placer la casserole dans un grand bol rempli de glaçons et d'eau froide, et fouetter la préparation pour la refroidir rapidement. Ajouter le rhum, si désiré. Recouvrir d'une pellicule plastique et réfrigérer 4 heures.

Verser la crème dans une sorbetière et turbiner selon les instructions du fabricant.

Servir immédiatement ou garder au congélateur jusqu'à 3 jours.

Crème glacée au caramel écossais

QUANTITÉ: 1,5 litre (6 tasses)   **PRÉPARATION:** 30 min   **RÉFRIGÉRATION:** 4 h   **CUISSON:** 20 min

250 g (1 ¼ tasse) de sucre brun

2 c. à soupe d'eau

1 c. à café de jus de citron

250 ml (1 tasse) de crème légère 15 %

4 jaunes d'œufs

1 pincée de sel

125 g (⅔ tasse) de sucre

250 ml (1 tasse) de lait

500 ml (2 tasses) de crème à fouetter 35 %

1 c. à café d'extrait de vanille

2 c. à soupe de whisky écossais (facultatif)

Dans une grande casserole à fond épais, cuire à feu moyen, en remuant, le sucre brun, l'eau et le jus de citron jusqu'à ce que le sucre brun soit dissous. Porter à ébullition et cuire jusqu'à ce que le sirop soit ambré. Retirer du feu. Incorporer lentement la crème, en mélangeant à la cuillère de bois. Laisser reposer.

Dans un bol, fouetter les jaunes d'œufs, le sel et le sucre jusqu'à ce que le mélange soit épais et ait blanchi. Ajouter le lait, la crème et la vanille. Fouetter 3 minutes.

Verser la préparation dans le caramel. Cuire à feu doux, en remuant, jusqu'à ce que le mélange nappe le dos d'une cuillère. Placer la casserole dans un grand bol rempli de glaçons et d'eau froide, et fouetter la préparation pour la refroidir rapidement.

Ajouter le whisky si désiré. Recouvrir d'une pellicule plastique et réfrigérer 4 heures.

Verser la préparation dans une sorbetière et turbiner selon les instructions du fabricant.

Servir immédiatement ou garder au congélateur jusqu'à 3 jours.

NOTES: Si on ne possède pas de sorbetière, verser la préparation dans un grand plat peu profond et congeler 1 heure. Fouetter à la fourchette et congeler de nouveau pendant 1 heure. Verser la crème glacée au robot culinaire et mélanger 2 minutes. Verser la préparation dans un contenant de plastique ou de verre, couvrir et mettre au congélateur 3 heures ou jusqu'au moment de servir.

Crème glacée au lait d'amandes et aux cerises

QUANTITÉ : 1,5 litre (6 tasses)   **PRÉPARATION :** 20 min   **CUISSON :** 25 min
ATTENTE : 10 min   **RÉFRIGÉRATION :** 4 h   **CONGÉLATION :** 2 h

500 ml (2 tasses) de lait d'amandes

250 ml (1 tasse) de crème
à fouetter 35 %

½ c. à café d'extrait de vanille

4 jaunes d'œufs

250 g (1 ¼ tasse) de sucre

450 g (1 lb) de cerises, dénoyautées
et coupées en 2

125 ml (½ tasse) d'eau

250 g (2 tasses) de sucre glace

NOTE : Si on ne possède pas de sorbetière, verser la préparation dans un grand plat peu profond et congeler 1 heure. Fouetter à la fourchette et congeler de nouveau pendant 1 heure. Verser la crème glacée au robot culinaire et mélanger 2 minutes. Verser la préparation dans un contenant de plastique ou de verre, couvrir et mettre au congélateur 3 heures ou jusqu'au moment de servir.

Dans une casserole à feu doux, chauffer le lait d'amandes, la crème et la vanille 5 minutes. Retirer du feu.

Dans un bol, à l'aide d'un batteur électrique, fouetter les jaunes d'œufs et le sucre jusqu'à ce que le mélange soit épais et ait blanchi. Ajouter la moitié du mélange au lait d'amandes en fouettant. Verser le contenu du bol dans la casserole et cuire à feu doux, en remuant, jusqu'à ce que le mélange épaississe et nappe le dos d'une cuillère. Ne pas laisser bouillir.

Placer la casserole dans un grand bol rempli de glaçons et d'eau froide, et fouetter la préparation pour la refroidir rapidement. Couvrir de pellicule plastique et réfrigérer 3 heures ou jusqu'à 24 heures.

Dans une casserole, porter à ébullition les cerises, l'eau et le sucre glace, en remuant souvent, jusqu'à ce que le sucre glace soit complètement dissous. Retirer du feu et laisser reposer 10 minutes. Transférer au robot culinaire et mélanger 3 minutes. Réfrigérer 1 heure.

Verser la préparation au lait d'amandes dans une sorbetière et procéder selon les instructions du fabricant. Turbiner juste assez pour que la crème soit prise et froide, mais encore fluide. Ajouter le coulis de cerise en turbinant pour former des marbrures. Mettre la crème glacée au congélateur 2 heures.

Crème glacée au miel et aux dattes

QUANTITÉ : 1,5 litre (6 tasses)   **PRÉPARATION :** 15 min   **RÉFRIGÉRATION :** 4 h   **CUISSON :** 20 min

125 ml (½ tasse) de miel

250 ml (1 tasse) de lait

500 ml (2 tasses) de crème
à fouetter 35 %

5 jaunes d'œufs

125 g (⅔ tasse) de sucre

½ c. à café de cannelle, moulue

½ c. à café de muscade, moulue

250 g (1 ⅔ tasse) de dattes,
dénoyautées et hachées

1 c. à soupe de zeste d'orange

NOTE : Si on ne possède pas de sorbetière, verser la préparation dans un grand plat peu profond et congeler 1 heure. Fouetter à la fourchette et congeler de nouveau pendant 1 heure. Verser la crème glacée au robot culinaire et mélanger 2 minutes. Verser la préparation dans un contenant de plastique ou de verre, couvrir et mettre au congélateur 3 heures ou jusqu'au moment de servir.

Dans une casserole, à feu doux, chauffer en remuant, le miel, le lait et la crème jusqu'à ce que le miel soit fondu. Ne pas laisser bouillir.

Dans un bol, au batteur électrique, fouetter les jaunes d'œufs, le sucre, la cannelle et la muscade jusqu'à ce que le mélange soit épais et ait blanchi.

Verser ⅓ de la crème au miel dans les jaunes d'œufs en continuant de fouetter. Verser le contenu du bol dans la casserole. Ajouter les dattes et le zeste d'orange. Chauffer la préparation jusqu'à ce que la température atteigne 82 °C (180 °F), en mélangeant avec une cuillère de bois. Retirer du feu.

Placer la casserole dans un grand bol rempli de glaçons et d'eau froide, et fouetter la préparation 5 minutes pour la refroidir rapidement. Couvrir de pellicule plastique et réfrigérer 4 heures ou jusqu'à 24 heures.

Verser la préparation dans une sorbetière et turbiner selon les instructions du fabricant.

Servir immédiatement ou garder au congélateur jusqu'à 3 jours.

Crème glacée aux deux citrons

PORTIONS: 8   **PRÉPARATION:** 10 min   **ATTENTE:** 20 min   **RÉFRIGÉRATION:** 3 h   **CONGÉLATION:** 2 h

4 citrons

4 citrons verts

4 c. à soupe de sucre glace

750 ml (3 tasses) de crème à fouetter 35 %

250 ml (1 tasse) de crème légère 10 %

2 c. à soupe de crème sure

1 pincée de sel

250 g (1 ¼ tasse) de sucre

2 c. à soupe de zeste de citron vert

1 c. à soupe de zeste de citron

250 ml (1 tasse) en tout de jus de citron et de citron vert

Couper un chapeau au-dessus de chaque citron et de chaque citron vert. À l'aide d'une cuillère, évider les fruits en prenant soin de ne pas perforer la peau. Saupoudrer l'intérieur de sucre glace. Réserver au congélateur.

Dans un grand bol, fouetter la crème 35 %, la crème 10 %, la crème sure, le sel et le sucre jusqu'à ce que le sucre soit dissous. Incorporer les zestes et le jus des citrons et des citrons verts. Laisser reposer 20 minutes, en fouettant de temps à autre. Couvrir et réfrigérer 3 heures.

Verser la préparation dans une sorbetière et procéder selon les instructions du fabricant. Turbiner juste assez pour que la crème soit prise et froide, mais encore un peu fluide. Verser dans les citrons et les citrons verts gelés. Mettre au congélateur 2 heures avant de servir ou jusqu'à 3 jours.

NOTE : Si on ne possède pas de sorbetière, verser la préparation dans un grand plat peu profond et congeler 1 heure. Fouetter à la fourchette et congeler de nouveau pendant 1 heure. Verser la crème glacée au robot culinaire et mélanger 2 minutes. Verser la préparation dans un contenant de plastique ou de verre, couvrir et mettre au congélateur 3 heures ou jusqu'au moment de servir.

Crème glacée aux pralines

QUANTITÉ: 2 litres (8 tasses) **PRÉPARATION:** 55 min **CUISSON:** 40 min **RÉFRIGÉRATION:** 3 h 30

125 g (1 tasse) de noisettes, sans la peau

125 g (¾ tasse) d'amandes, sans la peau

60 ml (¼ tasse) d'eau

500 g (2 ½ tasses) de sucre

500 ml (2 tasses) de lait

500 ml (2 tasses) de crème à fouetter 35 %

½ c. à café d'extrait de vanille

7 jaunes d'œufs

NOTE: Si on ne possède pas de sorbetière, verser la préparation dans un grand plat peu profond et congeler 1 heure. Fouetter à la fourchette et congeler de nouveau pendant 1 heure. Verser la crème glacée au robot culinaire et mélanger 2 minutes. Verser la préparation dans un contenant de plastique ou de verre, couvrir et mettre au congélateur 3 heures ou jusqu'au moment de servir.

Préchauffer le four à 180 °C (350 °F).

Étaler les noisettes et les amandes sur une plaque de cuisson recouverte de papier sulfurisé. Cuire au four 10 minutes. Retirer et laisser refroidir.

Dans une grande casserole, chauffer l'eau et la moitié du sucre jusqu'à ébullition. Retirer du feu. Incorporer les noisettes et les amandes. Remettre sur le feu et cuire, en remuant, jusqu'à la caramélisation.

Retirer du feu et verser sur une plaque recouverte de papier sulfurisé. Lorsque la préparation a refroidi, la broyer grossièrement au rouleau à pâtisserie et la transférer au robot culinaire. Mélanger jusqu'à l'obtention d'une pâte fine. Réfrigérer au moins 30 minutes.

Dans une casserole, porter à ébullition le lait, la crème et la vanille. Ajouter la pâte de pralines et mélanger, à feu doux, jusqu'à ce que la préparation soit homogène. Retirer du feu.

Dans un bol, fouetter les jaunes d'œufs et le reste du sucre jusqu'à ce que le mélange soit épais et ait blanchi. Incorporer la moitié du mélange praliné. Verser dans la casserole et cuire à feu doux, en remuant, jusqu'à ce que le mélange épaississe.

Placer la casserole dans un bol rempli d'eau glacée et fouetter la préparation pour la refroidir rapidement. Couvrir de pellicule plastique et réfrigérer au moins 3 heures.

Verser dans une sorbetière et turbiner selon les instructions du fabricant.

Servir ou garder au congélateur jusqu'à 3 jours.

Crème glacée aux raisins et au rhum

QUANTITÉ : 2 litres (8 tasses)   **PRÉPARATION :** 30 min   **CUISSON :** 20 min   **RÉFRIGÉRATION :** 4 h

250 g (1 ½ tasse) de raisins secs

125 ml (½ tasse) de rhum

500 ml (2 tasses) de lait

500 ml (2 tasses) de crème légère 15 %

1 c. à café d'extrait de vanille

5 jaunes d'œufs

150 g (¾ tasse) de sucre

250 ml (1 tasse) de crème à fouetter 35 %

NOTES : Si la sorbetière doit être refroidie avant le turbinage, mettre la cuve au congélateur la veille.

Si on ne possède pas de sorbetière, verser la préparation dans un grand plat peu profond et congeler 1 heure. Fouetter à la fourchette et congeler de nouveau pendant 1 heure. Mélanger au robot culinaire 2 minutes. Verser la préparation dans un contenant de plastique ou de verre, couvrir et mettre au congélateur 3 heures ou jusqu'au moment de servir.

Dans une petite casserole, chauffer à feu doux les raisins secs et le rhum 10 minutes. Retirer du feu et laisser macérer.

Dans une casserole, chauffer à feu doux le lait, la crème légère et la vanille 5 minutes en remuant. Ne pas laisser bouillir.

Dans un bol, au batteur électrique, fouetter les jaunes d'œufs et le sucre jusqu'à ce que le mélange soit épais et ait blanchi.

Verser ⅓ du mélange crème-lait sur les jaunes d'œufs en continuant de fouetter. Verser le contenu du bol dans la casserole. Chauffer la préparation à feu doux, en remuant, jusqu'à ce que le mélange nappe le dos d'une cuillère de bois. Retirer du feu. Incorporer les raisins et leur jus de macération. Placer la casserole dans un grand bol rempli de glaçons et d'eau froide, et fouetter la préparation 5 minutes pour la refroidir rapidement. Couvrir de pellicule plastique et réfrigérer 4 heures ou jusqu'à 24 heures.

Dans un grand bol, fouetter la crème 35 % jusqu'à ce qu'elle forme des pics fermes et l'incorporer au fouet dans le mélange refroidi.

Verser la préparation dans une sorbetière et turbiner selon les instructions du fabricant.

Servir immédiatement ou garder au congélateur jusqu'à 3 jours.

Crème glacée exotique

QUANTITÉ: 2,5 litres (10 tasses)   **PRÉPARATION:** 20 min   **CONGÉLATION:** 4 h   **RÉFRIGÉRATION:** 4 h

1 gros ananas frais, pelé et coupé en dés

500 ml (2 tasses) de lait de chèvre ou de vache

250 ml (1 tasse) de crème à fouetter 35 %

500 ml (2 tasses) de sirop de fruit de la passion

9 jaunes d'œufs

325 g (1 ⅓ tasse) de sucre

2 c. à café de menthe fraîche hachée

½ papaye, pelée et coupée en dés

NOTE : Si on ne possède pas de sorbetière, verser la préparation dans un grand plat peu profond et congeler 1 heure. Fouetter à la fourchette et congeler de nouveau pendant 1 heure. Verser la crème glacée au robot culinaire et mélanger 2 minutes. Verser la préparation dans un contenant de plastique ou de verre, couvrir et mettre au congélateur 3 heures ou jusqu'au moment de servir.

Étendre les dés d'ananas sur une plaque de cuisson recouverte de papier sulfurisé. Congeler 4 heures.

Dans une casserole, à feu doux, porter à ébullition, en remuant, le lait, la crème et le sirop de fruit de la passion. Retirer du feu.

Dans un bol, à l'aide d'un batteur électrique, fouetter les jaunes d'œufs et le sucre jusqu'à ce que le mélange soit épais et ait blanchi.

Verser ⅓ du mélange crème-lait dans les jaunes d'œufs en fouettant. Verser le contenu du bol dans la casserole. Chauffer la préparation à feu doux, en remuant, jusqu'à ce que le mélange nappe le dos d'une cuillère de bois. Ne pas laisser bouillir. Retirer du feu.

Incorporer la menthe hachée. Placer la casserole dans un grand bol rempli de glaçons et d'eau froide, et fouetter la préparation 5 minutes pour la refroidir rapidement. Couvrir de pellicule plastique et réfrigérer 4 heures ou jusqu'à 24 heures.

Au robot culinaire, par touches successives, hacher l'ananas congelé en menus morceaux. Incorporer l'ananas et les dés de papaye à la crème refroidie.

Verser dans une sorbetière et turbiner selon les instructions du fabricant.

Servir immédiatement ou garder au congélateur jusqu'à 3 jours.

Crème glacée suprême au chocolat

QUANTITÉ: 2,5 litres (10 tasses) **PRÉPARATION:** 30 min
CUISSON: 20 min **ATTENTE:** 45 min **RÉFRIGÉRATION:** 4 h

7 jaunes d'œufs

350 g (1 ¾ tasse) de sucre

1 litre (4 tasses) de lait

100 g (1 ⅛ tasse) de cacao en poudre

450 g (1 lb) de chocolat noir 70 %, concassé

500 ml (2 tasses) de crème à fouetter 35 %

150 g (1 tasse) de pépites de chocolat

NOTES: L'ajout de la crème fouettée après la cuisson, et non pendant, rend cette crème glacée plus légère, plus aérienne en bouche.

Remplacer le chocolat par du chocolat au lait pour rendre la crème glacée moins intense ou encore omettre d'y ajouter les pépites de chocolat.

Dans un grand bol, au batteur électrique, fouetter les jaunes d'œufs et le sucre jusqu'à ce que le mélange soit épais et ait blanchi.

Dans une casserole, chauffer le lait, le cacao et le chocolat noir, en mélangeant au fouet. Lorsque le mélange bouillonne, retirer du feu. Ajouter le mélange œufs-sucre et fouetter énergiquement. Remettre sur le feu et cuire à feu doux, en remuant, jusqu'à ce que la préparation épaississe légèrement et nappe le dos d'une cuillère de bois (82 °C/180 °F au thermomètre à sucre). Retirer du feu et laisser refroidir 15 minutes.

Dans un grand bol, fouetter la crème jusqu'à ce qu'elle forme des pics fermes. Ajouter à la préparation au chocolat et fouetter jusqu'à ce que le mélange soit homogène. Laisser refroidir 30 minutes. Incorporer les pépites de chocolat et réfrigérer 4 heures.

Verser la préparation dans la sorbetière et procéder selon les instructions du fabricant. Turbiner jusqu'à ce que la crème glacée soit presque ferme, en vérifiant régulièrement la consistance : la texture doit conserver une certaine fluidité.

Servir immédiatement ou garder au congélateur jusqu'à 2 semaines.

La grande vanille

QUANTITÉ : 1 litre (4 tasses) **PRÉPARATION :** 15 min **CUISSON :** 15 min
RÉFRIGÉRATION : 3 h **CONGÉLATION (SANS SORBETIÈRE) :** 5 h

375 ml (1 ½ tasse) de lait

375 ml (1 ½ tasse) de crème
à fouetter 35 %

1 gousse de vanille, fendue
et grattée

7 jaunes d'œufs

150 g (¾ tasse) de sucre

1 c. à café d'extrait de vanille

Dans une casserole, à feu doux, chauffer le lait, la crème et la gousse de vanille 5 minutes. Retirer du feu.

Dans un bol, au batteur électrique, fouetter les jaunes d'œufs et le sucre jusqu'à ce que le mélange soit épais et ait blanchi. Incorporer la moitié du lait vanillé. Verser dans la casserole et cuire à feu doux, en remuant, jusqu'à ce que le mélange épaississe et nappe le dos d'une cuillère. Ne pas laisser bouillir. Retirer la gousse de vanille. Incorporer l'extrait de vanille.

Placer la casserole dans un grand bol rempli d'eau glacée et fouetter pour refroidir rapidement. Couvrir de pellicule plastique et réfrigérer au moins 3 heures.

Verser la préparation dans une sorbetière et turbiner selon les instructions du fabricant. Servir immédiatement ou garder au congélateur jusqu'à 3 jours.

NOTE : Si on ne possède pas de sorbetière, verser la préparation dans un grand plat peu profond et congeler 1 heure. Fouetter à la fourchette et congeler de nouveau pendant 1 heure. Verser la crème glacée au robot culinaire et mélanger 2 minutes. Verser la préparation dans un contenant de plastique ou de verre, couvrir et mettre au congélateur 3 heures ou jusqu'au moment de servir.

Granité à la framboise

QUANTITÉ: 750 ml (3 tasses)   **PRÉPARATION:** 15 min
CUISSON: 8 min   **RÉFRIGÉRATION:** 1 h   **CONGÉLATION:** 3 h

125 g (⅔ tasse) de sucre

250 ml (1 tasse) d'eau

500 g (4 ¼ tasses) de framboises
+ quelques framboises pour la garniture

3 c. à soupe de jus de citron

Dans une casserole, à feu doux, faire fondre le sucre dans l'eau. Porter à ébullition et laisser mijoter 2 minutes. Réfrigérer 1 heure.

Au robot culinaire, réduire les framboises en une purée lisse. Verser dans un bol à travers un fin tamis. Incorporer le jus de citron et le sirop de sucre refroidi.

Verser la préparation dans un plat de verre ou de plastique peu profond. Couvrir de pellicule plastique posée directement sur la préparation. Congeler 1 heure.

Gratter la préparation congelée à la fourchette en raclant les bords du plat. Remettre au congélateur. Racler à la fourchette toutes les 30 minutes, 4 fois, jusqu'à ce que le mélange soit granuleux et glacé.

Verser dans des verrines et garnir d'une framboise ou transférer le granité dans un contenant hermétique et conserver au congélateur 24 heures tout au plus.

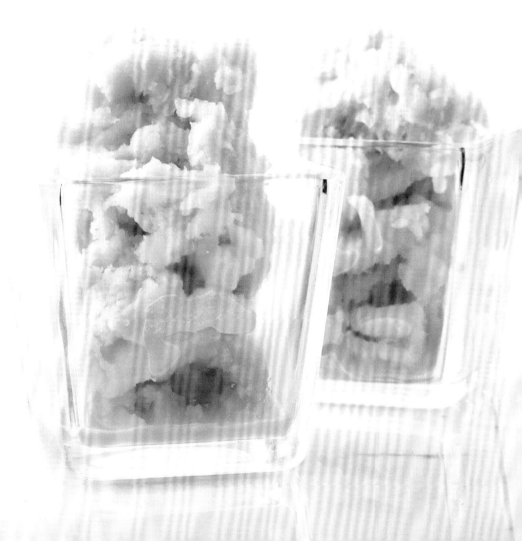

Granité au pamplemousse

QUANTITÉ: 1,5 litre (6 tasses) **PRÉPARATION:** 20 min
CUISSON: 3 min **RÉFRIGÉRATION:** 3 h **CONGÉLATION:** 3 h

250 ml (1 tasse) d'eau

250 g (1 ¼ tasse) de sucre

750 ml (3 tasses) de jus de pamplemousse

1 c. à soupe de sirop de grenadine

Dans une casserole, mélanger l'eau et le sucre. Porter à ébullition, en mélangeant. Retirer du feu. Incorporer le jus de pamplemousse et laisser reposer 10 minutes.

Incorporer le sirop de grenadine. Couvrir de pellicule plastique et réfrigérer 3 heures.

Verser la préparation dans un plat de verre ou de plastique peu profond. Couvrir de pellicule plastique posée directement sur le liquide. Congeler 1 heure.

Gratter à la fourchette en raclant les bords du plat. Remettre au congélateur. Racler à la fourchette toutes les 30 minutes, 4 fois, jusqu'à ce que le mélange soit granuleux et glacé.

Servir immédiatement, ou transférer le granité dans un contenant hermétique et conserver au congélateur 24 heures tout au plus.

Sorbet au kiwi et au melon d'eau

QUANTITÉ: 1,5 litre **PRÉPARATION:** 20 min **CUISSON:** 2 min **ATTENTE:** 10 min **RÉFRIGÉRATION:** 4 h

8 kiwis, pelés et coupés en morceaux

950 g (2 lb) de melon d'eau, dénoyauté et coupé en morceaux

125 ml (½ tasse) de jus d'orange

250 ml (1 tasse) d'eau

1 c. à soupe de zeste de citron

250 g (1 ¼ tasse) de sucre

Au robot culinaire, broyer les kiwis et le melon d'eau. Ajouter le jus d'orange et mélanger 2 minutes.

Dans une casserole, porter à ébullition l'eau, le zeste de citron et le sucre. Laisser mijoter 2 minutes. Retirer du feu et laisser reposer 10 minutes. Verser dans le robot culinaire et mélanger 3 minutes. Verser dans un bol, couvrir et réfrigérer 4 heures.

Verser la préparation dans une sorbetière et turbiner selon les instructions du fabricant.

Servir immédiatement ou garder au congélateur jusqu'à 3 jours.

Sorbet au melon, cantaloup et gingembre

QUANTITÉ : 1 litre (4 tasses) **PRÉPARATION :** 15 min **CONGÉLATION :** 30 min **CUISSON :** 15 min

500 g (2 ⅓ tasses) de melon miel, en dés

500 g (2 ⅓ tasses) de cantaloup, en dés

60 ml (¼ tasse) de sirop d'érable

1 c. à soupe de gingembre frais, râpé

1 c. à soupe de jus de citron frais

2 c. à soupe de gingembre confit, haché

Déposer les dés de melon miel et de cantaloup sur une plaque de cuisson, en une seule couche. Mettre au congélateur 30 minutes.

Au robot culinaire, mélanger les dés de melon miel et de cantaloup, le sirop d'érable, le gingembre et le jus de citron 1 minute.

Verser la préparation dans une sorbetière et turbiner selon les instructions du fabricant. Lorsque le mélange commence à prendre, et pendant que l'appareil est en marche, ajouter le gingembre confit. Continuer de turbiner jusqu'à ce que le mélange soit ferme.

Servir immédiatement ou garder au congélateur jusqu'à 3 jours.

Sorbet fraise, basilic et vodka

QUANTITÉ: 1 litre (4 tasses)   **PRÉPARATION:** 25 min   **CUISSON:** 5 min   **RÉFRIGÉRATION:** 30 min

500 g (3 ½ tasses) de fraises
   fraîches, tranchées

250 g (1 ¼ tasse) de sucre

125 ml (½ tasse) de jus d'orange

80 ml (⅓ tasse) de vodka

125 ml (½ tasse) d'eau

2 blancs d'œufs

12 feuilles de basilic frais, hachées

Dans un bol, saupoudrer les fraises de 3 c. à soupe de sucre. Arroser de jus d'orange et de vodka. Mélanger et réfrigérer.

Dans une casserole, faire fondre le reste du sucre dans l'eau. Porter à ébullition et retirer du feu.

Dans un grand bol, fouetter les blancs d'œufs jusqu'à ce qu'ils forment des pics fermes. Incorporer le sirop de sucre, en fouettant. Continuer de fouetter jusqu'à ce que la préparation ait légèrement refroidi.

Au robot culinaire, mélanger les fraises et leur jus de macération avec le basilic haché jusqu'à l'obtention d'une purée lisse. Verser dans un grand bol. Incorporer délicatement la meringue.

Verser la préparation dans une sorbetière et turbiner selon les instructions du fabricant.

Servir immédiatement ou garder au congélateur jusqu'à 3 jours.

NOTE: Un sorbet contenant du vin ou un alcool sera un peu plus long à turbiner.

Sorbet litchi et vin blanc

QUANTITÉ: 1 litre (4 tasses) **PRÉPARATION:** 20 min
CUISSON: 7 min **ATTENTE** : 10 min **RÉFRIGÉRATION:** 3 h

3 c. à soupe de sucre

675 g (3 ½ tasses) de litchis dans le sirop (poids des fruits sans sirop), froids

250 ml (1 tasse) d'eau

125 ml (½ tasse) de vin blanc doux de type muscat ou vouvray

Dans une casserole, mélanger le sucre, le sirop de conserve des litchis et l'eau. Laisser mijoter 5 minutes. Retirer du feu. Incorporer le vin blanc et laisser reposer 10 minutes.

Au robot culinaire, mélanger les litchis et le sirop refroidi. Passer la préparation dans un tamis fin. Réfrigérer 3 heures.

Verser la préparation dans une sorbetière et turbiner selon les instructions du fabricant.

Servir immédiatement ou garder au congélateur jusqu'à 3 jours.

NOTE: Un sorbet contenant du vin ou un alcool sera un peu plus long à turbiner.

Yogourt glacé aux petits fruits

QUANTITÉ : 1,5 litre (6 tasses)   **PRÉPARATION :** 20 min   **CUISSON :** 5 min   **RÉFRIGÉRATION :** 3 h

250 ml (1 tasse) de lait

125 ml (½ tasse) de sirop de maïs

750 ml (3 tasses) d'un mélange de petits fruits surgelés (bleuets, framboises, mûres, etc.) + quelques fruits pour la garniture

750 ml (3 tasses) de yogourt aux framboises

Dans une casserole, à feu doux, chauffer le lait et le sirop de maïs en remuant jusqu'à ce que le sirop ait fondu. Retirer du feu.

Au robot culinaire, broyer les petits fruits surgelés. Ajouter le yogourt et mélanger 2 minutes. Ajouter la préparation de lait et mélanger 2 minutes. Verser dans un bol et réfrigérer 3 heures.

Verser la préparation dans une sorbetière et turbiner selon les instructions du fabricant.

Servir immédiatement avec quelques petits fruits ou garder au congélateur jusqu'à 3 jours.

Yogourt glacé aux pommes

QUANTITÉ : 1 litre (4 tasses)   **PRÉPARATION :** 6 min   **RÉFRIGÉRATION :** 1 h

500 ml (2 tasses) de purée
de pomme

500 ml (2 tasses) de yogourt

2 c. à soupe de sucre brun

½ c. à café de cannelle

Au robot culinaire, mélanger la purée de pomme, le yogourt, le sucre brun et la cannelle 3 minutes. Verser dans un bol et réfrigérer 1 heure.

Verser la préparation dans une sorbetière et turbiner selon les instructions du fabricant.

Servir immédiatement ou garder au congélateur jusqu'à 3 jours.

Affogato

500 ml (2 tasses) de café espresso

250 ml (1 tasse) de crème glacée
à la vanille (voir recette p. 27)

4 grains de café (facultatif)

Verser le café espresso bouillant dans 4 verres. Ajouter une petite boule de crème glacée à la vanille dans chaque verre. Garnir d'un grain de café et servir immédiatement.

NOTES: On peut aussi faire couler le café de la machine à espresso directement sur la crème glacée.

Il est indispensable de préparer l'affogato juste au moment de servir, car le plaisir de cette préparation réside dans la sensation de chaud-froid en bouche.

Banana split du dimanche

PORTIONS : 4   **PRÉPARATION :** 15 min

250 ml (1 tasse) de crème
  à fouetter 35 %

1 c. à café d'extrait de vanille

4 c. à soupe de sucre

4 bananes

250 ml (1 tasse) de crème glacée
  au chocolat (voir recette p. 24)

250 ml (1 tasse) de crème glacée
  à la fraise (voir recette p. 4)

250 ml (1 tasse) de crème glacée
  à la vanille (voir recette p. 27)

250 ml (1 tasse) de crème glacée
  à la mangue (voir recette p. 7)

4 c. à soupe de sauce au caramel

½ c. à café de fleur de sel

4 c. à soupe de sauce au chocolat

1 c. à soupe de noix hachées

4 c. à soupe de coulis de mangue

4 c. à soupe de coulis de fraise

Dans un bol, fouetter la crème 35 % avec la vanille et le sucre jusqu'à ce qu'elle forme des pics fermes. Réfrigérer.

Couper les bananes en deux dans le sens de la longueur.

Dans 4 longs ramequins ou bols, placer 1 petite boule de chaque crème glacée. Garnir la crème glacée au chocolat de sauce au caramel et saupoudrer quelques grains de fleur de sel. Garnir la crème glacée à la fraise de sauce au chocolat et de noix hachées. Garnir la crème glacée à la vanille de coulis de mangue. Garnir la crème glacée à la mangue de coulis de fraise. Placer une demi-banane de chaque côté du bol. Garnir de crème fouettée et servir immédiatement.

NOTE : Pour les très, très gourmands !

Bombe Alaska

PORTIONS : 6   **PRÉPARATION :** 20 min   **CONGÉLATION :** 1 h   **CUISSON :** 4 min

6 petits cercles de gâteau chiffon du commerce

250 ml (1 tasse) de crème glacée au chocolat (voir recette p. 24)

100 g (¾ tasse) de framboises fraîches

500 ml (2 tasses) de crème glacée à la vanille (voir recette p. 27)

4 blancs d'œufs

200 g (1 ⅔ tasse) de sucre glace

Placer les cercles de gâteau sur une plaque de cuisson recouverte de papier sulfurisé. À l'aide d'une cuillère à crème glacée, déposer une petite boule de crème glacée au chocolat au centre des gâteaux et disposer les framboises autour. À l'aide d'une cuillère à crème glacée plus grosse, couvrir d'une grosse boule de crème glacée à la vanille. Congeler 1 heure.

Dans un bol, fouetter les blancs d'œufs avec le sucre glace jusqu'à ce qu'ils forment des pics fermes.

Préchauffer le gril du four.

Couvrir rapidement la crème glacée de meringue. Griller 4 minutes ou jusqu'à ce que les pics de la meringue soient dorés. Servir immédiatement.

NOTES : La meringue agissant comme un isolant, la crème glacée ne fond pas. Ce dessert chaud-froid est fantastique !

Si on ne souhaite pas utiliser le four, on peut colorer la meringue à l'aide d'un chalumeau de cuisine.

Cassata

PORTIONS 6   **PRÉPARATION** 20 min   **CONGÉLATION** 4 h   **RÉFRIGÉRATION** 30 min

375 g (3 ¼ tasses) de biscuits secs au chocolat

250 g (1 ¼ tasse) de sucre

1 c. à café de beurre (pour le moule à tarte)

450 g (2 tasses) de ricotta

125 ml (½ tasse) de crème à fouetter 35 %

1 c. à café d'extrait de vanille

4 c. à soupe de rhum brun

100 g (1 tasse) d'amandes tranchées, hachées + quelques-unes pour garnir

60 g (⅓ tasse) de pépites de chocolat

60 g (⅓ tasse) de fruits confits (citron, cerise, orange, angélique) + quelques-uns pour garnir

Au robot culinaire, mélanger par touches successives les biscuits au chocolat et 4 c. à soupe de sucre jusqu'à l'obtention d'une fine chapelure. Beurrer un moule à tarte et étaler la chapelure de chocolat au fond.

Dans un grand bol, mélanger la ricotta, la crème, le reste du sucre, la vanille et le rhum. Ajouter les amandes, les pépites de chocolat et les fruits confits. Verser le mélange sur la croûte de biscuits au chocolat. Congeler 4 heures.

Placer la cassata au réfrigérateur 30 minutes avant de servir pour l'amollir légèrement. Décorer de fruits confits et d'amandes. Servir immédiatement en larges pointes.

Éclair glacé au café

PORTIONS: 8   **PRÉPARATION:** 20 min   **CUISSON:** 15 min   **RÉFRIGÉRATION:** 3 h   **CONGÉLATION:** 1 h

375 ml (1 ⅔ tasse) de lait

500 ml (2 tasses) de crème à fouetter 35 %

3 c. à soupe de café espresso instantané

1 c. à soupe d'essence de café

4 jaunes d'œufs

Sel

250 g (1 ¼ tasse) de sucre

32 biscuits à la cuillère

Glaçage

4 c. à soupe de sucre glace

2 c. à soupe de café espresso instantané

Dans une casserole, porter à ébullition le lait, la crème, le café instantané et l'essence de café. Laisser mijoter 2 minutes. Retirer du feu.

Dans un bol, fouetter les jaunes d'œufs avec une pincée de sel et le sucre jusqu'à ce que le mélange soit épais et ait blanchi. Ajouter lentement la crème au café, tout en fouettant. Verser le mélange dans la casserole et cuire à feu doux, en remuant, jusqu'à ce qu'il nappe le dos d'une cuillère. Ne pas laisser bouillir.

Placer la casserole dans un grand bol rempli de glaçons et d'eau froide, et fouetter la préparation 5 minutes pour la refroidir rapidement. Couvrir de pellicule plastique et réfrigérer 3 heures ou jusqu'à 24 heures.

Verser la préparation dans une sorbetière et turbiner selon les indications du fabricant. Lorsque la crème glacée est prise, mais encore légèrement fluide, transférer dans une poche à pâtisserie.

Placer 16 biscuits à la cuillère sur une plaque de cuisson. Couvrir de crème glacée au café. Recouvrir des autres biscuits à la cuillère. Congeler 1 heure.

Glaçage: Dans un bol, mélanger le sucre glace et le café espresso instantané.

Retirer les éclairs du congélateur. Saupoudrer de sucre au café et servir immédiatement.

Pêches Melba

PORTIONS: 6   **PRÉPARATION:** 20 min

750 g (6 ¼ tasses) de framboises

2 c. à soupe de jus de citron

250 g (1 ¼ tasse) de sucre

250 ml (1 tasse) de crème
 à fouetter 35 %

1 c. à café d'extrait de vanille

4 c. à soupe de sucre glace

1 litre (4 tasses) de crème glacée
 à la vanille (voir recette p. 27)

3 pêches fraîches, pelées et
 coupées en 2, ou 6 demi-pêches
 au sirop (en conserve)

60 g (½ tasse) d'amandes, grillées

Au robot culinaire, réduire en purée les framboises, le jus de citron et le sucre. Verser dans un grand bol à travers un tamis fin. Réfrigérer.

Dans un bol, fouetter la crème 35 % avec la vanille et le sucre glace jusqu'à ce qu'elle forme des pics fermes. Réfrigérer.

Dans 6 coupes à dessert, déposer une boule de crème glacée à la vanille. Couvrir d'une moitié de pêche. Verser le coulis de framboises sur les pêches. Garnir d'un peu de crème fouettée et d'amandes grillées. Servir immédiatement.

NOTE: La crème glacée et le coulis de framboises peuvent être préparés plusieurs jours à l'avance. On assemblera le dessert au dernier moment.

Sabayon au sorbet au citron

PORTIONS : 6   **PRÉPARATION :** 35 min   **ATTENTE :** 10 min   **CONGÉLATION :** 30 min

8 jaunes d'œufs

250 g (1 ¼ tasse) de sucre

250 ml (1 tasse) de vin blanc doux
de type muscat ou vouvray

3 c. à soupe de zeste de citron
+ quelques longs zestes pour
la garniture (facultatif)

3 c. à soupe de jus de citron

250 ml (1 tasse) de crème
à fouetter 35 %, froide

Dans un grand bol en acier inoxydable, battre les jaunes d'œufs avec 200 g (1 tasse) de sucre jusqu'à ce que le mélange soit épais et ait blanchi. Ajouter, sans cesser de fouetter, le vin blanc et le zeste de citron. Poser le bol sur une casserole d'eau bouillante pour faire un bain-marie. Fouetter le mélange sans arrêt jusqu'à ce qu'il devienne mousseux et épais. Lorsque la préparation nappe le fouet, retirer le bol du bain-marie et laisser refroidir 10 minutes.

Dans une assiette, répartir le reste du sucre. Verser le jus de citron dans un bol. Passer le bord de 6 verres dans le jus de citron, puis dans le sucre. Laisser sécher.

Dans un bol, fouetter la crème 35 % jusqu'à ce qu'elle forme des pics fermes et l'incorporer délicatement au sabayon refroidi. Verser dans les verres préparés et congeler 30 minutes. Servir avec quelques longs zestes de citron, si désiré.

NOTE : Il est préférable de préparer ce sabayon glacé le jour même.

56

Sandwichs à la crème glacée aux pralines

PORTIONS: 4   **PRÉPARATION:** 20 min   **CONGÉLATION:** 1 h   **CUISSON:** 2 min   **RÉFRIGÉRATION:** 30 min

8 gaufrettes

1 litre (4 tasses) de crème glacée aux pralines (voir recette p. 19)

100 g (3 ½ oz) de chocolat noir

2 c. à soupe d'amandes effilées

À l'aide d'un emporte-pièce de la même dimension que les gaufrettes, façonner 4 tranches de crème glacée aux pralines. Les envelopper de papier sulfurisé et les placer sur une plaque à biscuits. Congeler 1 heure.

Placer les gaufrettes sur une plaque de cuisson recouverte de papier sulfurisé.

Au four à micro-ondes, faire fondre le chocolat. Badigeonner un côté des gaufrettes de chocolat fondu. Réfrigérer 30 minutes.

Répartir les tranches de crème glacée sur la moitié des gaufrettes chocolatées. Garnir d'amandes effilées. Couvrir des gaufrettes restantes et servir immédiatement, ou conserver au congélateur 24 heures tout au plus.

NOTE: On peut remplacer la crème glacée aux pralines par la crème glacée de son choix.

Truffes glacées au chocolat et à l'orange

PORTIONS: 4   **PRÉPARATION:** 15 min   **CONGÉLATION:** 3 h

250 ml (1 tasse) de crème glacée au chocolat, réfrigérée et légèrement molle (voir recette p. 24)

60 ml (¼ tasse) de liqueur à l'orange de type Grand Marnier

4 c. à soupe de zeste fin d'orange

375 g (13 oz) de chocolat noir, haché

4 c. à soupe de cacao

3 c. à soupe de sucre glace

Dans un grand bol, mélanger la crème glacée au chocolat, la liqueur à l'orange, le zeste d'orange et le chocolat. Congeler 2 heures.

À l'aide d'une petite cuillère à crème glacée, façonner des boules avec la préparation et les déposer sur une plaque de cuisson recouverte de papier sulfurisé (parchemin). Congeler 1 heure.

Mettre le cacao et le sucre glace sur 2 assiettes. Retirer les truffes du congélateur. Rouler la moitié des truffes dans le sucre glace et l'autre moitié dans le cacao. Servir immédiatement.

Soufflé glacé au sorbet à la poire

PORTIONS: 6 **PRÉPARATION:** 30 min **RÉFRIGÉRATION:** 30 min **CONGÉLATION:** 5 h

250 g (1 ¼ tasse) de sucre

60 ml (¼ tasse) d'eau

4 blancs d'œufs

250 ml (1 tasse) de crème
à fouetter 35 %, froide

450 g (1 ¾ tasse) de purée
de poire, froide

3 c. à soupe de chocolat noir,
râpé grossièrement

4 c. à soupe de cacao en poudre

Dans une casserole, à feu doux, faire fondre le sucre dans l'eau. Porter à ébullition à feu vif. Lorsque le sirop atteint 120 °C (250 °F), retirer du feu.

Dans un bol, fouetter les blancs d'œufs jusqu'à ce qu'ils forment des pics fermes. Verser lentement le sirop de sucre chaud dans les blancs d'œufs et continuer de battre jusqu'à ce que le mélange ait refroidi. Réfrigérer 30 minutes.

Préparer les ramequins: Découper des bandes de papier sulfurisé de 7 cm (2 ¾ po) de largeur. Enrouler les bandes de papier autour de ramequins et maintenir avec un élastique de façon que le papier forme un collet autour du ramequin.

Dans un bol, fouetter la crème 35 % jusqu'à ce qu'elle soit épaisse. Ajouter la purée de poire et mélanger à l'aide d'un fouet. Incorporer délicatement la meringue refroidie. Ajouter le chocolat noir râpé sans trop mélanger.

Verser délicatement la moitié du mélange à la poire dans les ramequins. Saupoudrer de la moitié du cacao. Remplir les ramequins avec le reste du mélange à la poire. Congeler 5 heures ou toute une nuit.

Au moment de servir, retirer le col de papier et saupoudrer du reste du cacao.

NOTE: Ce soufflé glacé peut être préparé 2 jours à l'avance.

Suivez-nous sur le Web

Consultez nos sites Internet et inscrivez-vous à l'infolettre pour rester informé en tout temps de nos publications et de nos concours en ligne. Et croisez aussi vos auteurs préférés et notre équipe sur nos blogues!

EDITIONS-HOMME.COM
EDITIONS-JOUR.COM
EDITIONS-PETITHOMME.COM
EDITIONS-LAGRIFFE.COM